家にあるお米でもちふわ食感

マフィン型でつくる
はじめての生米スイーツ

リト史織

家の光協会

はじめに

'生米' からつくる '生米マフィン' のレシピと聞いて、
「米粉でつくるマフィンのこと?」と思う方もいらっしゃるかもしれませんね。
それが違うのです。米粉ではなく、生のお米。
この本で紹介するのは、

皆さんが毎日食べている、
あのお米からつくるマフィンのレシピなのです。

浸水して水分をたっぷりふくませた生米と他の素材を
ミキサーにかけて生地をつくる '生米パン' が生まれたのは 2017 年のこと。
世界初の新しい調理法の発明!ということで、
多数のメディアにも取り上げられ、本も出版することができました。

小麦粉でつくるのとも、米粉でつくるのとも違う
生米ならではの、もっちりふんわりとした食感に
はじめてのおいしさ!　と評判になり、
おかげさまで多くの方に知っていただくことができました。
パンがおいしいならスイーツもおいしいに違いないと、
同時に生米スイーツの研究も始まりました。

生米レシピの開発に取り組めば取り組むほど、深く新しい発見があり、
皆さんからの声もたくさん届くにつれ、
もっと気軽に簡単に生米スイーツをつくっていただきたい!
そんな気持ちが強くなりました。
こうして、
マフィン型ひとつでできる生米スイーツ
を紹介するレシピブックをつくることとなったのです。

わたしたちが日々おいしいお米をいただけるのは
お米をつくってくださる方々がいるから。
これからもずっとお米をつくり続けていただきたいという願いを込めて、
1つ1つレシピをつくりました。

この本が、従来の生米スイーツファンの方はもちろん、
生米スイーツ初心者さん、
さらにはお菓子づくりがはじめてという方にも届いたら嬉しいです。

リト史織

CONTENTS

02　はじめに

06　マフィン型でひとつで生米スイーツをつくろう！

08　本書で使う道具

10　本書で使う基本の材料

12　基本の生米マフィンのつくり方

18　玄米マフィン

20　チョコチップマフィン

21　甘栗マフィン

22　ほうじ茶ホワイトチョコレートマフィン

24　せん茶甘納豆マフィン

25　紅茶アプリコットマフィン

26　コーヒーとヘーゼルナッツのマフィン

28　白ワイン漬けプルーンのマフィン

30　キャラメルマフィン

32　メープルマフィン

33　ジャムマフィン

34　チョコバナナマフィン

35　オーツシードミックスマフィン

36　黒ゴマ蒸しマフィン/ヨーグルト蒸しマフィン

38　甘酒桜あんこの蒸しマフィン/甘酒実山椒の焼きマフィン

惣菜マフィンは、食事用に。

40　基本の惣菜マフィン/酒粕惣菜マフィン

果物と野菜の生米マフィン

- 44　みかんのマフィン
- 46　りんごクランブルマフィン
- 48　ブルーベリーのマフィン
- 50　パプリカ蒸しマフィン
- 52　ほうれん草蒸しマフィン
- 53　ビーツ蒸しマフィン
- 54　カボチャのマフィン　焼きマフィン/蒸しマフィン
- 56　紫イモのマフィン　焼きマフィン/蒸しマフィン

マフィン型でつくる
お米のケーキ&スコーン

- 60　ベイクドチーズケーキ
- 62　キャロットケーキ
- 64　いちじくケーキ
- 66　ガトーショコラ/抹茶ガトーショコラ
- 68　黒糖ふんわりシフォンケーキ
- 70　ミニスコーン
- 72　りんごのスコーン
- 74　生米ホイップクリーム　みかん
　　　ブルーベリー/黒ゴマ/ほうれん草/イチゴ
- 76　ノンオイルココナッツバナナマフィン/酵母マフィン

本書のルール
- 生米の浸水率は約1.3倍で計算しています。お米によって若干変動があるため、おおよその目安にしてください。
- 1カップは200mlです。

マフィン型ひとつで生米

素材を直接混ぜられる！

生米スイーツのよいところは、ミキサーに直接、生米と一緒に、生の果物や野菜、茶葉などを入れて生地がつくれること。一般的なお菓子づくりのように、粉と混ぜるために素材を一度ジュースやペースト、粉末状にするという手間がいりません。なにより直接入れて撹拌することで、素材の味や香り、そのおいしさをダイレクトに感じることができます。さらにお菓子の発色がよく、色鮮やかに仕上がります。

フレッシュなお米でつくれる！

生米レシピを開発する大きなきっかけとなったのは、フレッシュなお米でスイーツやパンをつくりたいという気持ちから。あらかじめ製粉されている小麦粉や米粉は、どうしても酸化が進んでしまいます。たとえばコーヒーも、豆を挽いてから時間がたったものよりも、挽きたての豆で淹れたほうが香り高く、味も風味もフレッシュでおいしいですよね。それと同じなのです。

卵・乳製品・白砂糖を使わない！グルテンフリー！

味のインパクトの強い卵や乳製品、白砂糖を使わないことで、お米のほのかな甘みや穏やかな風味が引き立ちます。ただし、この本のモットーは気軽につくること。生地に混ぜたり、デコレーション用に手軽に手に入るチョコレートやジャムなどを使っていただいても。また、生米スイーツはもちろんグルテンフリー。体質改善、アレルギー、美容や健康のためにグルテンを制限している方にもぴったりです。

家にあるお気に入りのお米でつくれる！

ご自宅にあるお米でつくれますから、思い立ったらすぐに生米スイーツがつくれます。また、味や産地、無農薬や減農薬にこだわっている方でも、お気に入りのお米でつくれます。

スイーツをつくろう！

はじめてでも簡単においしくつくれる！

生米スイーツファンのなかでも、マフィンをつくる率が圧倒的に高いんです。なぜなら、マフィン型はサイズが小さめで、生地に熱がしっかり伝わりやすいため、生米スイーツづくり初心者さんでも、ふっくらとした、とびきりおいしいマフィンがつくれるから。もうひとつ、小ぶりで食べきれる個数だけつくれる、というのも嬉しいポイントです。

混ぜて、入れて、焼くだけ！でコツ入らず

本書の生米スイーツは、ミキサーに材料を入れて撹拌したら、あとはマフィン型に入れて、オーブンで焼くか、深型のフライパン（もしくは蒸し器）で蒸すだけ。こねたり、伸ばしたり、泡立てたりは一切する必要なし！　面倒な手間も、コツもいりませんから、お菓子づくり初心者さんでも上手にできます。

朝ごはんやランチ、おやつまで大活躍！

おやつ用にしっかり甘めにしたレシピのほか、野菜を混ぜ込んだものや、甘味料を一切使っていないものまでご紹介しているので、朝ごはんやランチにも重宝します。

マフィン以外のスイーツも！

本書では、マフィン型でつくる、ベイクドチーズケーキやキャロットケーキ、ガトーショコラ、シフォンケーキ、スコーンなどマフィン以外のお菓子のレシピも多数掲載。型をあれこれ用意せずマフィン型がひとつあれば、お菓子がつくれます！

本書で使う道具

> 焼きはこっち

マフィン型

本書では、直径5.5×高さ3.3cmの6カップセットになったものを使用しています。なるべく熱伝導率のよいものを選ぶとふっくら膨らみます。この本ではブリキ製品を使っています。

> 蒸しはこっち

プリン型

本書では口径6.3×高さ3.2cm（容量80ml）のアルミ製プリン型を使用しています。レシピによって5〜6個使用します。

ベーキングカップ

生米スイーツの生地は型につきやすいので、マフィン型にベーキングカップを敷いてから生地を流し入れて焼いてください。ベーキングカップは、表面にシリコン耐油加工を施された紙製のものを使用してください。本書では、底径約5.0×高さ3cmのもの（左）を使っていますが、底径約4.5×高さ4cmのもの（右）でもつくれます。

ミキサー

生米スイーツをつくるために必須の道具。浸水させた米を他の材料と共に撹拌し、とろりとした生地にします。生米マフィンの生地は、親指と人さし指でこすり合わせて、ほんの少しだけ粒を感じる程度が目安。ポイントはコンテナの直径が広いものよりも、なるべく縦に細長い形のものを選ぶこと。本書では、「テスコム」のジュースミキサー（左）を使用しています。連続使用したり、大量につくったりする場合は、馬力の強い「Vitamix」（右）をよく使っています。

テスコム

Vitamix E310（コンテナは別売りのウェットコンテナ0.9Lのものを使用）

ボウルとスパチュラ

ミキサーで撹拌した生地を混ぜるためのボウルとスパチュラ（ゴムべら）が1つずつ必要です。ボウルの大きさは口径15〜18cmのものを使っています。

オーブン

本書では電気オーブンを使用しています。ガスオーブンを使う場合は、本書のレシピ通りから10℃下げて焼いてみてください。ただし、メーカーや機種によって火力が違います。焼きが甘かったり、焼きすぎたりした場合は、様子を見ながら焼成時間は変えずに、温度を5〜10℃ずつ調整して、自分のオーブンのくせを見つけましょう。焼く前は必ず庫内温度が設定温度になるまで、しっかり予熱をしてください。

本書で使う基本の材料

生米

基本的には自宅にあるお米を使用いただけます。炊くと粘りけが強く出る「コシヒカリ」などアミロペクチンの含有量が多い（＝アミロース含有量の少ない）お米は、もっちりした仕上がりに。アミロペクチンの含有量が少ない（＝アミロース含有量の多い）「ササニシキ」のような粘りけの少ないお米は、ふんわりした生地に仕上がります。白米の浸水時間は2〜3時間程度が目安です。

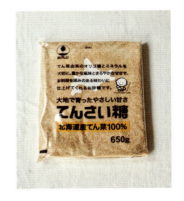

てんさい糖

砂糖大根からつくられた、穏やかな甘みを持つ甘味料です。整腸作用のあるオリゴ糖をふくんでいます。大手スーパーなどで入手可能です。お好みの砂糖でもOKです。

玄米

本書では、玄米でもつくれるレシピを掲載していますが、注意点として、お米をしっかりと浸水させること（ひと晩程度）。繊維質が多いので、白米に比べてもちもちせず、歯切れのよい食感の生地に仕上がります。ミキサーでの撹拌も白米より長めにかけてください。

豆乳

無調整のものを使用。なかでも、本書では大豆固形分10％のものを使っています。9％だと生地がゆるくなり、11％だと生地がしまって、仕上がりの食感が変わります。

塩

精製していない、味のまろやかな天日塩が向いています。わたしは「ゲランド」を使いましたが、お好みのものを使ってください。

ベーキングパウダー

アルミニウムフリーのものを使っています。なるべく封をきってから時間のたっていない新しいものを使ってください。古いものを使用するとうまく膨らまないことがあります。ベーキングパウダーを生地に混ぜ込んでから手早く作業することで生地がしっかり膨らみます。

ドライイースト

「酵母マフィン」(p.79) に使います。ドライイーストを使うことで、ベーキングパウダーの力で膨らませるのでなく、時間をかけてゆっくり発酵させることができるので、滋味あふれる味わいになります。本書では手軽なインスタントドライイーストを使用していますが、お好みのイーストでつくってください。

油

材料表に「油」とあったら、香りにくせのない油がおすすめです。油の香りによってお菓子の風味が変わります。わたしは基本的に、圧搾方式で抽出された「なたね油」を選ぶようにしています。

いろんな油で楽しめる！

油はほかにも「太白ごま油」や「こめ油」、「オリーブオイル」、「ココナッツオイル」などでもつくれます。ただし「ベイクドチーズケーキ」(p.61) や「生米ホイップクリーム」(p.75) は、ココナッツオイルの、冷やすと固まるという特性を利用しています。ココナッツの香りが苦手な方は「匂いのしないココナッツオイル」を使ってください。

基本の生米マフィン

のつくり方

Step 1

つくる前の準備

- 生米はさっと洗って、ボウルに入れ、水1カップを加えて、2〜3時間浸水させておきます。
- オーブンを200℃に予熱しておきます。
- マフィン型にベーキングカップを敷き込んでおきます。

材料 直径5.5×高さ3.3cmのマフィン型、6個分

A
- 生米（浸水済）… 140g（浸水前108g）
- 無調整豆乳 … 82g
- てんさい糖 … 40g
- 塩 … 1.5g

油 … 45g
ベーキングパウダー … 7g

まずは、もっともシンプルなこのレシピからつくって、生米でつくるマフィン独特の食感や甘み、旨み、風味をしみじみ味わって

Step 2

材料をミキサーで混ぜる

Aの材料と油10gをミキサーのコンテナに入れて撹拌します。ミキサーのパワーにもよりますが、1回あたり約30秒間を、2～3回繰り返すのを目安に。

米はざるに入れ、ざるをななめにしながらしっかり水けを切ります。おたまなどですくってコンテナに入れてください。

Step 3

飛び散った生地も余すことなく混ぜる

途中何度か止めて、コンテナの周りに飛び散った生地をスパチュラで落としながら、なめらかになるまで混ぜましょう。

生地を親指と人さし指ですり合わせてみて、うっすら粒が残っている状態がベスト。撹拌しすぎると生地の温度が上がりすぎてStep 5でベーキングパウダーを混ぜるとき、反応が速くなりすぎてしまいます。

Step 4

油を加えてもったりとした生地をつくる

残りの油35gを加えて、生地がもったりとしてなめらかになるまで、ミキサーで撹拌します（速度調節できるミキサーなら低速〜中速）。油が見えなくなったら止めましょう。

油を加えると乳化して生地がかたくなります。スパチュラについた生地がゆっくりと落ちる程度まで撹拌します。生地の温度を上げてしまうので必要以上に撹拌しすぎないこと。

Step 5

ベーキングパウダーを混ぜる

電子スケールの上にボウルをのせ、生地をコンテナから移し入れます。生地の総量を測りながらベーキングパウダーを加え、スパチュラで手早く混ぜていきます。

ベーキングパウダーを加えるとすぐに反応が始まるので、混ぜ始めてからオーブンに入れるまで手早く行います。

Step 6

型に流し入れる

ベーキングカップを敷いた型を電子スケールの上にのせ、生地を1/6量ずつ入れます。

Step 7

オーブンで焼く

200℃のオーブンで14分間焼成します。

生地を入れる前は、ベーキングカップが型から少し浮いてしまいますが、そのまま生地を流し入れて。

Step 8

焼きあがり

焼きあがったら網などの上に置いて、十分にあら熱を取ります。

保存方法

密閉できる保存容器に、オーブンペーパーを敷きます。マフィンを並べてふたを閉め、常温で約2日間保存可能です。気温が高いときは冷蔵庫で保存してください。冷凍の場合は、2〜3週間以内が目安。冷蔵・冷凍したマフィンは食べる前にトースターなどで軽く加熱してください。

玄米マフィン

玄米でつくるマフィンならではの香ばしさと弾力のある食感、歯切れのよさを存分に味わって。白米よりしっかり撹拌するのがコツ

材料 直径5.5×高さ3.3cmのマフィン型、6個分

A ┌ 玄米（浸水済）… 140g（浸水前107g）
  │ 無調整豆乳 … 77g
  │ てんさい糖 … 40g
  └ 塩 … 1.5g

油 … 45g
ベーキングパウダー … 7g

つくり方

1 オーブンを200℃に予熱する。マフィン型にベーキングカップを敷き込んでおく。

2 Aの材料と油10gをミキサーのコンテナに入れて撹拌する。

3 途中何度か止めて、コンテナの周りに飛び散った生地をスパチュラで落としながら、なめらかになるまで混ぜる。

4 残りの油35gを加えて、生地がもったりとしてなめらかになるまでミキサーで撹拌する（速度調節できるものなら、低速〜中速）。

5 生地をボウルに取り出し、ベーキングパウダーを加え、スパチュラで手早く混ぜる。

6 ベーキングカップを敷いたマフィン型に生地を入れ、200℃のオーブンで14分間焼成する。

チョコチップマフィン

「基本の生米マフィン」(p.12) は
何を混ぜてもおいしくなる！
まずは、皆の大好きな
チョコレートから

材料 直径5.5×高さ3.3cmのマフィン型、6個分

A ┌ 生米（浸水済）… 140g（浸水前108g）
　├ 無調整豆乳 … 82g
　├ てんさい糖 … 40g
　└ 塩 … 1.5g
油 … 45g
ベーキングパウダー … 7g
チョコチップ … 60g

つくり方

1 オーブンを200℃に予熱する。マフィン型にベーキングカップを敷き込んでおく。

2 Aの材料と油10gをミキサーのコンテナに入れて撹拌する。

3 途中何度か止めて、コンテナの周りに飛び散った生地をスパチュラで落としながら、なめらかになるまで混ぜる。

4 残りの油35gを加えて、生地がもったりとしてなめらかになるまでミキサーで撹拌する（速度調節できるものなら、低速〜中速）。

5 生地をボウルに取り出し、チョコチップ半量を入れてスパチュラで混ぜる。さらに、ベーキングパウダーを加え、手早く混ぜる。

6 ベーキングカップを敷いたマフィン型に生地を入れる。残りのチョコチップをのせて、200℃のオーブンで14分間焼成する。

甘栗マフィン

ほのかな甘さを楽しむ栗ごはんをイメージしてつくったレシピ。
市販の甘栗を使うので、気軽につくれるのもポイントです

材料 直径5.5×高さ3.3cmのマフィン型、6個分

A ┌ 生米（浸水済）… 140g（浸水前108g）
　├ 無調整豆乳 … 82g
　├ てんさい糖 … 40g
　└ 塩 … 1.5g
油 … 45g
ベーキングパウダー … 7g
甘栗 … 60g

つくり方

1 オーブンを200℃に予熱する。マフィン型にベーキングカップを敷き込んでおく。

2 甘栗は約1cm角に切る（**a**）。

3 Aの材料と油10gをミキサーのコンテナに入れて撹拌する。

4 途中何度か止めて、コンテナの周りに飛び散った生地をスパチュラで落としながら、なめらかになるまで混ぜる。

5 残りの油35gを加えて、生地がもったりとしてなめらかになるまでミキサーで撹拌する（速度調節できるものなら、低速〜中速）。

6 生地をボウルに取り出し、**2**の甘栗半量をスパチュラで混ぜる。さらに、ベーキングパウダーを加え、手早く混ぜる。

7 ベーキングカップを敷いたマフィン型に生地を入れる。残りの甘栗をのせて、200℃のオーブンで14分間焼成する。

a

22　　namagome muffin

ほうじ茶ホワイトチョコレートマフィン

ほのかな苦みを感じるほうじ茶に、こっくりした甘みのホワイトチョコを合わせました。お茶の葉そのものを混ぜ込んでつくれるのも生米マフィンのポイントです

材料 直径5.5×高さ3.3cmのマフィン型、6個分

A
- 生米（浸水済）… 120g（浸水前92g）
- 無調整豆乳 … 75g
- てんさい糖 … 40g
- 生アーモンド … 20g
- ほうじ茶の葉 … 3g
- 塩 … 1.5g

油 … 40g
ベーキングパウダー … 7.5g
ホワイトチョコレート … 50g

つくり方

1 オーブンを200℃に予熱する。マフィン型にベーキングカップを敷き込んでおく。

2 ホワイトチョコレートを1〜2cm大に切る。

3 Aの材料をミキサーのコンテナに入れ、撹拌する。

4 途中何度か止めて、コンテナの周りに飛び散った生地をスパチュラで落としながら、なめらかになるまで混ぜる。

5 油を加えて、生地がもったりとしてなめらかになるまでミキサーで撹拌する（速度調節できるものなら、低速〜中速）。

6 生地をボウルに取り出し、2のホワイトチョコレート1/3量を入れてスパチュラで混ぜる。さらに、ベーキングパウダーを加え、手早く混ぜる。

7 ベーキングカップを敷いたマフィン型に生地を入れる。残りのホワイトチョコレートをのせ、200℃のオーブンで15分間焼成する。

せん茶甘納豆マフィン

家にある緑茶ですぐつくれるレシピ。緑茶の渋みと
甘納豆の甘さを、ほどよくミックスした食べやすい味わいです。
茶葉を直接ミキシングしているので、深みのある香りに

材料　直径5.5×高さ3.3cmのマフィン型、6個分

- A
  - 生米（浸水済）… 130g（浸水前100g）
  - 無調整豆乳… 80g
  - てんさい糖… 43g
  - 緑茶の葉… 6g
  - 塩… 1.5g
- 油… 43g
- ベーキングパウダー… 7g
- 甘納豆… 40g

a

つくり方

1. オーブンを200℃に予熱する。マフィン型にベーキングカップを敷き込んでおく。
2. Aの材料と油10gをミキサーのコンテナに入れて撹拌する（a）。
3. 途中何度か止めて、コンテナの周りに飛び散った生地をスパチュラで落としながら、なめらかになるまで混ぜる。
4. 残りの油33gを加えて、生地がもったりとしてなめらかになるまでミキサーで撹拌する（速度調節できるものなら、低速〜中速）。
5. 生地をボウルに取り出し、甘納豆を入れてスパチュラで混ぜる。さらに、ベーキングパウダーを加え、手早く混ぜる。
6. ベーキングカップを敷いたマフィン型に生地を入れ、200℃のオーブンで14分間焼成する。

柑橘の香り豊かな
アールグレイや、
渋めのセイロンなど
茶葉を変えて、
香りの違いを楽しんで！

 a  b  c

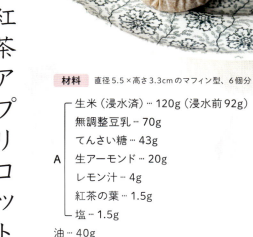

紅茶アプリコットマフィン

材料 直径5.5×高さ3.3cmのマフィン型、6個分

A ┬ 生米（浸水済）… 120g（浸水前92g）
  ├ 無調整豆乳 … 70g
  ├ てんさい糖 … 43g
  ├ 生アーモンド … 20g
  ├ レモン汁 … 4g
  ├ 紅茶の葉 … 1.5g
  └ 塩 … 1.5g
油 … 40g
ベーキングパウダー … 4g
ベーキングソーダ … 1g
ドライアプリコット … 40g

つくり方

1 ドライアプリコットはさっと湯通しして（**a**）ざるにあげ、ペーパータオルで水けを切る（**b**）。1〜2mm厚さの薄切りにする（**c**）。

2 オーブンを200℃に予熱する。マフィン型にベーキングカップを敷き込んでおく。

3 **A**の材料をミキサーのコンテナに入れ、撹拌する。

4 途中何度か止めて、コンテナの周りに飛び散った生地をスパチュラで落としながら、なめらかになるまで混ぜる。

5 油を加えて、生地がもったりとしてなめらかになるまでミキサーで撹拌する（速度調節できるものなら、低速〜中速）。

6 生地をボウルに取り出し、**1**のドライアプリコットを入れてスパチュラで混ぜる。さらに、ベーキングパウダーとベーキングソーダを加え、手早く混ぜる。

7 ベーキングカップを敷いたマフィン型に生地を入れ、200℃のオーブンで14分間焼成する。

コーヒーとヘーゼルナッツのマフィン

お米と一緒にコーヒー豆をミキサーで挽いて
つくるので、コーヒーの香りが強く立ち上ります。
ヘーゼルナッツがピタッとはまりました

namagome muffin

材料 直径5.5×高さ3.3cmのマフィン型、6個分

A ┌ 生米（浸水済）… 130g（浸水前100g）
　├ 無調整豆乳 … 75g
　├ てんさい糖 … 50g
　├ コーヒー豆 … 5g
　└ 塩 … 1.5g

油 … 43g
ベーキングパウダー … 7g
ヘーゼルナッツ … 35g
● てんさい糖アイシング（右記参照）… 45g

● **てんさい糖アイシング**（出来上がり45g）

てんさい糖40gをミキサーでさっと撹拌して粉末状にする。小さなボウルに水6gと合わせて混ぜる。

つくり方

1 ヘーゼルナッツは180℃のオーブンで10分間焼成し（**a**）、1粒を2〜3片に砕く。

2 オーブンを200℃に予熱する。マフィン型にベーキングカップを敷き込んでおく。

3 Aの材料と油10gをミキサーのコンテナに入れ（**b**）、撹拌する。

4 途中何度か止めて、コンテナの周りに飛び散った生地をスパチュラで落としながら、なめらかになるまで混ぜる。

5 残りの油33gを加えて、生地がもったりとしてなめらかになるまでミキサーで撹拌する（速度調節できるものなら、低速〜中速）。

6 生地をボウルに取り出し、**1**のヘーゼルナッツ1/3量を入れてスパチュラで混ぜる。さらに、ベーキングパウダーを加え、手早く混ぜる。

7 ベーキングカップを敷いたマフィン型に生地を入れる。残りのヘーゼルナッツをのせて、200℃のオーブンで14分間焼成する。

8 あら熱が取れたら、てんさい糖アイシングをかける（**c**）。

a

b

c

namagome muffin

白ワイン漬けプルーンのマフィン

白ワインにレモン汁をミックスして、
さっぱり仕上げたプルーンのワイン漬けは、
生米マフィンのやさしい甘さを引き立ててくれます。
どこを食べてもプルーンが顔を出します

材料　直径5.5×高さ3.3cmのマフィン型、6個分

A ┌ 生米（浸水済）… 130g（浸水前100g）
　├ 無調整豆乳 … 75g
　├ てんさい糖 … 40g
　└ 塩 … 1.5g
プルーン … 80g
白ワイン … 25g
レモン汁 … 8g
油 … 43g
ベーキングパウダー … 7g

準備

プルーンを白ワインとレモン汁に漬けてひと晩おく（**a**）。

つくり方

1　プルーンの水けをよく切り、1cm角くらいに切る。

2　オーブンを200℃に予熱する。マフィン型にベーキングカップを敷き込んでおく。

3　Aの材料と油10gをミキサーのコンテナに入れて撹拌する。

4　途中何度か止めて、コンテナの周りに飛び散った生地をスパチュラで落としながら、なめらかになるまで混ぜる。

5　残りの油33gを加えて、生地がもったりとしてなめらかになるまでミキサーで撹拌する（速度調節できるものなら、低速〜中速）。

6　生地をボウルに取り出し、**1**のプルーン半量を入れてスパチュラで混ぜる。さらに、ベーキングパウダーを加え、手早く混ぜる。

7　ベーキングカップを敷いたマフィン型に生地を入れる。残りのプルーンをのせ、200℃のオーブンで14分間焼成する。

a

namagome muffin

キャラメルマフィン

甘くこっくりした味のレシピ。
温かいミルクティーと
合わせたくなる
ようなイメージでつくりました

材料 直径5.5×高さ3.3cmのマフィン型、6個分

A
- 生米（浸水済）… 130g（浸水前100g）
- 無調整豆乳 … 72g
- てんさい糖 … 43g
- 生アーモンド … 27g
- 塩 … 1.5g

油 … 43g
ベーキングパウダー … 7g
●キャラメルソース（下記参照）… 50g

つくり方

1 オーブンを200℃に予熱する。マフィン型にベーキングカップを敷き込んでおく。

2 Aの材料をミキサーのコンテナに入れ、撹拌する。

3 途中何度か止めて、コンテナの周りに飛び散った生地をスパチュラで落としながら、なめらかになるまで混ぜる。

4 油を加えて、生地がもったりとしてなめらかになるまでミキサーで撹拌する（速度調節できるものなら、低速〜中速）。

5 生地をボウルに取り出し、ベーキングパウダーを加え、スパチュラで手早く混ぜたあとに、キャラメルソースを加えてさっと混ぜる。

6 ベーキングカップを敷いたマフィン型に生地を入れ、200℃のオーブンで15分間焼成する。

●キャラメルソース（出来上がり約55g）

鍋にてんさい糖40g、無調整豆乳20gを入れ、耐熱性のスパチュラで混ぜながら（**a**）、沸騰するまで1〜2分混ぜ続ける。火を止めてココナッツオイル10gを入れ（**b**）、混ぜたら完成（**c**）。

a

b

c

メープルマフィン

わたしの定番とも言うべきレシピ。メープルシロップの
ほのかな香りとやさしい甘みを楽しんでください

材料 直径5.5×高さ3.3cmのマフィン型、6個分

A ─ 生米（浸水済）… 150g（浸水前115g）
  │ 無調整豆乳 … 75g
  │ メープルシロップ … 46g
  └ 塩 … 2g
油 … 46g
ベーキングパウダー … 7g

つくり方

1 オーブンを200℃に予熱する。マフィン型にベーキングカップを敷き込んでおく。

2 Aの材料と油10gをミキサーのコンテナに入れて撹拌する。

3 途中何度か止めて、コンテナの周りに飛び散った生地をスパチュラで落としながら、なめらかになるまで混ぜる。

4 残りの油36gを加えて、生地がもったりとしてなめらかになるまでミキサーで撹拌する（速度調節できるものなら、低速〜中速）。

5 生地をボウルに取り出し、ベーキングパウダーを加え、スパチュラで手早く混ぜる。

6 ベーキングカップを敷いたマフィン型に生地を入れ、200℃のオーブンで14分間焼成する。

アーモンドを混ぜた香ばしい生地に、とろりとしたソースのような自家製ジャムがよく合います

ジャムマフィン

材料 直径5.5×高さ3.3cmのマフィン型、6個分

- A
  - 生米（浸水済）… 130g（浸水前100g）
  - 無調整豆乳 … 76g
  - てんさい糖 … 43g
  - 生アーモンド … 20g
  - 塩 … 1.5g
- 油 … 43g
- ベーキングパウダー … 7g
- イチゴジャム（または好みのジャム）… 30g

●手づくりイチゴジャム

イチゴ300g、てんさい糖150g、レモン汁30gをミキサーで撹拌する。鍋に入れて中火にかけ、水けがなくなるまで木べらなどで混ぜながら15〜20分間加熱する。

つくり方

1. オーブンを200℃に予熱する。マフィン型にベーキングカップを敷き込んでおく。
2. Aの材料をミキサーのコンテナに入れ、撹拌する。
3. 途中何度か止めて、コンテナの周りに飛び散った生地をスパチュラで落としながら、なめらかになるまで混ぜる。
4. 油を加えて、生地がもったりとしてなめらかになるまでミキサーで撹拌する（速度調節できるものなら、低速）。
5. 生地をボウルに取り出し、ベーキングパウダーを加え、スパチュラで手早く混ぜる。
6. ベーキングカップを敷いたマフィン型に生地を入れ、200℃のオーブンで14分間焼成する。
7. あら熱が取れたら、ジャムを塗る。

チョコバナナマフィン

材料 直径5.5×高さ3.3cmのマフィン型、6個分

- A
  - 生米（浸水済）… 120g（浸水前92g）
  - 無調整豆乳 … 55g
  - てんさい糖 … 45g
  - バナナ … 40g
  - 塩 … 1.5g
- ココアパウダー（無糖）… 18g
- 油 … 40g
- ベーキングパウダー … 7g
- バナナ（トッピング用）… 約1/2本

つくり方

1. トッピング用のバナナを、約2mm幅で18枚分に薄切りにする。
2. オーブンを200℃に予熱する。マフィン型にベーキングカップを敷き込んでおく。
3. Aの材料をミキサーのコンテナに入れ、撹拌する。
4. 途中何度か止めて、コンテナの周りに飛び散った生地をスパチュラで落としながら、なめらかになるまで混ぜる。
5. ココアパウダーを入れて撹拌し、さらに油を加えて生地がもったりとしてなめらかになるまで撹拌する（速度調節できるものなら、低速）。
6. 生地をボウルに取り出し、ベーキングパウダーを加え、スパチュラで手早く混ぜる。
7. ベーキングカップを敷いたマフィン型に生地を入れ、**1**のバナナを3枚ずつのせる（**a**）。200℃のオーブンで16分間焼成する。

a

生地にバナナとビターなココアを混ぜ込んで、甘さも香りも濃厚に仕上げています。子どもたちに大人気の組み合わせです

オーツシードミックスマフィン

材料 直径5.5×高さ3.3cmのマフィン型、6個分

A ┬ 生米（浸水済）… 125g（浸水前96g）
　├ 無調整豆乳… 75g
　├ てんさい糖… 36g
　├ 生アーモンド… 20g
　└ 塩… 2.5g
オーツ… 15g
油… 40g
ベーキングパウダー… 7g
好みのシード（パンプキンシード、
　サンフラワーシード、白ゴマ、黒ゴマなど
　ローストしていないもの）… 50g

つくり方

1　オーブンシートの上にシードを広げ、190℃のオーブンで2分間焼成する。

2　オーブンを200℃に予熱する。マフィン型にベーキングカップを敷き込んでおく。

3　Aの材料をミキサーのコンテナに入れ、撹拌する。

4　途中何度か止めて、コンテナの周りに飛び散った生地をスパチュラで落としながら、なめらかになるまで混ぜる。

5　オーツを入れて撹拌し、さらに油を加えて生地がもったりとしてなめらかになるまで撹拌する（速度調節できるものなら、低速〜中速）。

6　生地をボウルに取り出し、1のシード半量を入れてスパチュラで混ぜる。さらに、ベーキングパウダーを加え、手早く混ぜる。

7　ベーキングカップを敷いたマフィン型に生地を入れ、残りのシードをのせる。200℃のオーブンで14分間焼成する。

ナッツや種、
ゴマ類をたっぷり混ぜ込んだ
栄養価の高いマフィン。
朝ごはんやランチにぴったりです。
プチプチした食感も魅力！

35

黒ゴマ蒸しマフィン

お米と一緒に
ゴマをミキシングすることで、
香り豊か、味わいも濃厚な
しっとりとした食感の
蒸しマフィンに

材料 直径6.3×高さ3.2cmのプリン型、5個分

A ┌ 生米（浸水済）… 120g（浸水前92g）
  │ 無調整豆乳 … 64g
  │ てんさい糖 … 37g
  │ 黒ゴマ … 7g
  │ ※あれば、洗いゴマを使用
  └ 塩 … 1.5g
油 … 37g
ベーキングパウダー … 7g

つくり方

1 深型のフライパン（もしくは蒸し器）に蒸し皿を敷き、水を2〜3cm入れて沸騰させる。

2 Aの材料と油10gをミキサーのコンテナに入れて撹拌する。

3 途中何度か止めて、コンテナの周りに飛び散った生地をスパチュラで落としながら、なめらかになるまで混ぜる。

4 残りの油を加えて、生地がもったりとしてなめらかになるまでミキサーで撹拌する（速度調節できるものなら、低速〜中速）。

5 生地をボウルに取り出し、ベーキングパウダーを加え、スパチュラで手早く混ぜる。

6 ベーキングカップを敷いたプリン型に生地を入れ、湯気のたったフライパンに入れる。ふたをして、沸騰が保てる火の強さで12分間蒸す。

ヨーグルト蒸しマフィン

生地にヨーグルトを
混ぜ込むことで、さっぱり、
さわやかな味になります。
食事のお供や好みのジャムを
つけて楽しんで

材料 直径6.3×高さ3.2cmのプリン型、5個分

A ┌ 生米（浸水済）… 120g（浸水前92g）
  │ 豆乳ヨーグルト … 80g
  │ ※上澄みの白い水分（乳清）は入れない
  │ てんさい糖 … 35g
  └ 塩 … 1.5g
油 … 40g
ベーキングパウダー … 7g

つくり方

黒ゴマ蒸しマフィンと同様。

甘酒で、やわらかな甘みをつけた
見た目も味もまるで和菓子の
ような、蒸しマフィン。
桜の塩漬けの塩けがお米と
あんこの甘さを引き立てます

甘酒桜あんこの蒸しマフィン

材料 直径6.3×高さ3.2cmのプリン型、5個分

A ┌ 生米（浸水済）… 140g（浸水前108g）
　├ 甘酒 … 86g
　└ 塩 … 2g
油 … 45g
ベーキングパウダー … 8g
あんこ … 50g
桜の塩漬け … 5個

つくり方

1. 桜の塩漬けは10分間水につけ、しっかり水けを切っておく。深型のフライパン（もしくは蒸し器）に蒸し皿を敷き、水を2〜3cm入れて沸騰させる。
2. Aの材料と油10gをミキサーのコンテナに入れて撹拌する。
3. 途中何度か止めて、コンテナの周りに飛び散った生地をスパチュラで落としながら、なめらかになるまで混ぜる。
4. 残りの油35gを加えて、生地がもったりとしてなめらかになるまでミキサーで撹拌する（速度調節できるものなら、低速〜中速）。
5. 生地をボウルに取り出し、ベーキングパウダーを加えてスパチュラで手早く混ぜ、さらにあんこを入れてさっと混ぜる（**a**）。
6. ベーキングカップを敷いたプリン型に生地を入れ、**1**の桜の塩漬けをのせる。湯気のたったフライパンに入れる（**b**）。ふたをして、沸騰が保てる火の強さで12分間蒸す。

a

b

甘酒実山椒の焼きマフィン

甘酒の穏やかな甘みと
口の中ではじける
山椒のピリリとした風味の
コントラストを味わって

材料 直径5.5×高さ3.3cmのマフィン型、6個分

A ┌ 生米（浸水済）… 160g（浸水前123g）
　├ 甘酒 … 105g
　└ 塩 … 2g
油 … 51g
ベーキングパウダー … 8g
実山椒のつくだ煮 … 12g

つくり方

1. オーブンを200℃に予熱する。マフィン型にベーキングカップを敷き込んでおく。
2. Aの材料と油10gをミキサーのコンテナに入れて撹拌する。
3. 途中何度か止めて、コンテナの周りに飛び散った生地をスパチュラで落としながら、なめらかになるまで混ぜる。
4. 残りの油41gを加えて、生地がもったりとしてなめらかになるまでミキサーで撹拌する（速度調節できるものなら、低速〜中速）。
5. 生地をボウルに取り出し、実山椒のつくだ煮半量を入れてスパチュラで混ぜる。さらに、ベーキングパウダーを加え、手早く混ぜる。
6. ベーキングカップを敷いたマフィン型に生地を入れ、残りの実山椒のつくだ煮をのせる。200℃のオーブンで14分間焼成する。

飴色玉ねぎ

のりしおポテト

蓮根塩きんぴら

塩ゆで枝豆

namagome muffin

惣菜マフィンは、食事用に。

てんさい糖やメープルシロップなどの甘味料は一切入れずにつくる
甘くない食事用マフィンをご紹介します。合わせる惣菜は、取り分けて
おいた夕飯のおかずをちゃちゃっとのせればOK。ただし水っぽいおかずはNG。
酒粕入りのマフィンは、焼くとほのかにチーズっぽい香りがしておいしいです

基本の惣菜マフィン

材料 直径5.5×高さ3.3cmのマフィン型、6個分

A ┌ 生米（浸水済）… 160g（浸水前123g）
  │ 無調整豆乳 … 86g
  └ 塩 … 2g
油 … 51g
ベーキングパウダー … 8g

つくり方

1 オーブンを200℃に予熱する。マフィン型にベーキングカップを敷き込んでおく。

2 Aの材料をミキサーのコンテナに入れ、撹拌する。

3 途中何度か止めて、コンテナの周りに飛び散った生地をスパチュラで落としながら、なめらかになるまで混ぜる。

4 油を加えて、生地がもったりとなめらかになるまでミキサーで撹拌する（速度調節ができるものなら、低速）。

5 生地をボウルに取り出し、ベーキングパウダーを加え、スパチュラで手早く混ぜる。

6 ベーキングカップを敷いたマフィン型に生地を入れ、好みのお惣菜（下記参照）を適量のせる。200℃のオーブンで16分間焼成する。

飴色玉ねぎ

玉ねぎ100gを1cm角に切る。フライパンを熱し、オリーブオイル小さじ2と玉ねぎを入れて炒め、塩1.5gを加え、好みで黒こしょう適量を振る。

塩ゆで枝豆

塩ゆでしてさやから取り出した枝豆100g。または冷凍枝豆100gを解凍する。

酒粕惣菜マフィン

材料 直径5.5×高さ3.3cmのマフィン型、6個分

A ┌ 生米（浸水済）… 160g（浸水前123g）
  │ 無調整豆乳 … 93g
  └ 塩 … 2.3g
酒粕 … 13g
油 … 55g
ベーキングパウダー … 8g

つくり方

基本の惣菜マフィンの工程4で、油を加える前に、酒粕を入れてなめらかになるまで撹拌する。それ以外は同様に生地をつくり、焼成する前に好きな惣菜の具材（下記参照）をのせ、200℃のオーブンで16分間焼成する。

蓮根塩きんぴら

蓮根100gを縦半分に切って薄切りにする。フライパンにごま油小さじ2を熱し、蓮根を入れて炒める。塩1.5gと赤唐辛子少々を加え、火が通るまで炒める。

のりしおポテト

じゃがいも100gを3cm長さの厚めのせん切りにする。フライパンを熱し、なたね油小さじ2とじゃがいも、塩1.5gを加え、火が通るまで炒める。火を止めて、青のり適量をからめる。

果物と野菜の

生米マフィン

生米マフィンの嬉しいところは、生米をミキサーで撹拌するとき、
一緒に果物や野菜を生のままミキシングできること！
パウダーやペーストにしてから入れる必要はありません。
フレッシュな素材そのものの香りや風味、味を
しっかり味わえます。
さらに発色もいいのです。
この章のマフィンをつくってみて慣れてきたら
自分好みの旬の素材を入れて、
オリジナルの生米マフィンをつくってみてくださいね。

みかんを生地に混ぜ込み、
さらに上にものせた甘酸っぱいマフィンです。
アーモンドを入れた生地と
みかんの風味がお互いを引き立て合います

みかんのマフィン

材料 直径5.5×高さ3.3cmのマフィン型、6個分

A ┌ 生米（浸水済）… 125g（浸水前96g）
　├ 無調整豆乳 … 43g
　├ てんさい糖 … 38g
　├ 生アーモンド … 26g
　├ レモン汁 … 5g
　└ 塩 … 1.5g
みかんの皮 … 少々
みかん … 24g（皮をむいた正味）
油 … 41g
ベーキングパウダー … 6g
ベーキングソーダ … 1g
みかん（トッピング用）… 適量
てんさい糖（トッピング用）… 適量

つくり方

1. トッピング用のみかんは皮ごと、できるだけ薄く6枚分輪切りにして（**a**）、ペーパータオルの上に並べ余分な水けをとる。
2. オーブンを200℃に予熱する。マフィン型にベーキングカップを敷き込んでおく。
3. 香りつけ用にみかんの皮の表面をすりおろす。みかんの皮をむき、果肉の周りの白い筋を除く（薄皮はむかない）。
4. **A**の材料と**3**のみかんの果肉とすりおろした皮をミキサーのコンテナに入れて撹拌する。
5. 途中何度か止めて、コンテナの周りに飛び散った生地をスパチュラで落としながら、なめらかになるまで混ぜる。
6. 油を加えて、生地がもったりとしてなめらかになるまでミキサーで撹拌する（速度調節できるものなら、低速）。
7. 生地をボウルに取り出し、ベーキングパウダーとベーキングソーダを加え、スパチュラで手早く混ぜる。
8. ベーキングカップを敷いたマフィン型に生地を入れる。上に**1**のみかんをのせ（**b**）、てんさい糖を振る（**c**）。200℃のオーブンで16分間焼成する。

a

b

c

45

りんごクランブルマフィン

生地にもトッピングにもりんごを使った
りんごづくしのマフィンです。角切りにしたりんごと
さくさくクランブルの食感が楽しい1品

材料 直径5.5×高さ3.3cmのマフィン型、6個分

A
- 生米（浸水済）… 130g（浸水前100g）
- 無調整豆乳 … 48g
- てんさい糖 … 38g
- りんご（皮付き）… 21g
- 塩 … 2g

油 … 43g
ベーキングパウダー … 7g

〈トッピング用〉
りんご … 50g
● クランブル（下記参照）… 30g
てんさい糖 … 適量

つくり方

1. トッピング用のりんごは皮付きのまま1cm角に切る。
2. オーブンを200℃に予熱する。マフィン型にベーキングカップを敷き込んでおく。
3. Aの材料と油10gをミキサーのコンテナに入れて撹拌する。
4. 途中何度か止めて、コンテナの周りに飛び散った生地をスパチュラで落としながら、なめらかになるまで混ぜる。
5. 残りの油33gを加えて、生地がもったりとしてなめらかになるまでミキサーで撹拌する（速度調節できるものなら、低速〜中速）。
6. 生地をボウルに取り出し、ベーキングパウダーを加え、スパチュラで手早く混ぜる。
7. ベーキングカップを敷いたマフィン型に生地を入れる。**1**のりんごとクランブルをのせ（**a**）、てんさい糖を振る。200℃のオーブンで17分間焼成する。

a

● **クランブル**（出来上がり約90g）

生アーモンド30g、オーツ30g、塩0.3g、てんさい糖20g、ベーキングパウダー1g、ベーキングソーダ1gをミキサーで撹拌して（**b**）ボウルに移す。ボウルに油15g、水3gを加えて混ぜる（**c**）。

b

c

ココナッツの香りとブルーベリーの
フレッシュな酸味が好相性。
果汁が生地に染み込んでいる部分が
またおいしい!

ブルーベリーのマフィン

材料 直径5.5×高さ3.3cmのマフィン型、6個分

A ┌ 生米(浸水済)… 140g(浸水前108g)
  │ 無調整豆乳 … 58g
  │ てんさい糖 … 46g
  └ 塩 … 1.5g
ココナッツオイル(固まっていたら湯煎する)… 46g
ベーキングパウダー … 7g
ブルーベリー … 90g

つくり方

1 オーブンを200℃に予熱する。マフィン型にベーキングカップを敷き込んでおく。

2 Aの材料とココナッツオイル10gをミキサーのコンテナに入れて撹拌する。

3 途中何度か止めて、コンテナの周りに飛び散った生地をスパチュラで落としながら、なめらかになるまで混ぜる。

4 残りのココナッツオイル36gを加えて、生地がもったりとしてなめらかになるまでミキサーで撹拌する(速度調節できるものなら、低速〜中速)。

5 生地をボウルに取り出し、ブルーベリー半量を入れてスパチュラで混ぜる(**a**)。さらにベーキングパウダーを加え、手早く混ぜる。

6 ベーキングカップを敷いたマフィン型に生地を入れ、残りのブルーベリーをのせる。200℃のオーブンで18分間焼成する。

a

パプリカ蒸しマフィン

ヨーグルトベースの生地に、やさしい甘みを持つパプリカをミックスした、ふんわりしっとり蒸しマフィン。甘味料不使用の食事パンです

材料 直径6.3×高さ3.2cmのプリン型、5個分

A ┌ 生米（浸水済）… 140g（浸水前108g）
  │ 豆乳ヨーグルト … 45g
  │ ※上澄みの白い水分（乳清）は入れない
  │ パプリカ … 30g
  └ 塩 … 2g

油 … 45g
ベーキングパウダー … 8g

つくり方

1 深型のフライパン（もしくは蒸し器）に蒸し皿を敷き、水を2〜3cm入れて沸騰させる。

2 Aの材料をミキサーのコンテナに入れ、撹拌する。

3 途中何度か止めて、コンテナの周りに飛び散った生地をスパチュラで落としながら、なめらかになるまで混ぜる。

4 油を加えて、生地がもったりとしてなめらかになるまでミキサーで撹拌する（速度調節できるものなら、低速）。

5 生地をボウルに取り出し、ベーキングパウダーを加え、スパチュラで手早く混ぜる。

6 ベーキングカップを敷いたプリン型に生地を入れ、湯気のたったフライパンに入れる。ふたをして、沸騰が保てる火の強さで12分間蒸す。

ほうれん草蒸しマフィン

生のほうれん草とお米を直接撹拌しているので、
発色が美しいのがポイント。素材のおいしさも栄養もまるごとマフィンに

材料 直径6.3×高さ3.2cmのプリン型、5個分

A
- 生米（浸水済）… 130g（浸水前100g）
- 豆乳ヨーグルト … 75g
  ※上澄みの白い水分（乳清）は入れない
- ほうれん草 … 10g
- 塩 … 2g

油 … 43g
ベーキングパウダー … 8g

つくり方

1 深型のフライパン（もしくは蒸し器）に蒸し皿を敷き、水を2〜3cm入れて沸騰させる。

2 Aの材料をミキサーのコンテナに入れ、撹拌する。

3 途中何度か止めて、コンテナの周りに飛び散った生地をスパチュラで落としながら、なめらかになるまで混ぜる。

4 油を加えて、生地がもったりとしてなめらかになるまでミキサーで撹拌する（速度調節できるものなら、低速）。

5 生地をボウルに取り出し、ベーキングパウダーを加え、スパチュラで手早く混ぜる。

6 ベーキングカップを敷いたプリン型に生地を入れ、湯気のたったフライパンに入れる。ふたをして、沸騰が保てる火の強さで12分間蒸す。

namagome muffin

ビーツ蒸しマフィン

生のビーツが手に入ったら
ぜひつくってほしい1品。
塩を少しきかせてビーツの甘みを
際立たせています

材料 直径6.3×高さ3.2cmのプリン型5個分

A ┌ 生米(浸水済)… 130g(浸水前100g)
  │ 豆乳ヨーグルト … 70g
  │ ※上澄みの白い水分(乳清)は入れない
  │ ビーツ(2cm角に切る)… 20g
  └ 塩 … 2g
油 … 43g
ベーキングパウダー … 8g

つくり方

ほうれん草蒸しマフィンと同様。

カボチャの甘みを楽しむマフィンです。
カボチャの水分量によって多少生地感が
変わりますので、その個性の違いも楽しんで

カボチャのマフィン

材料

A
- 生米（浸水済）… 140g（浸水前108g）
- 無調整豆乳 … 35g
- てんさい糖 … 43g
- カボチャ … 32g
- 塩 … 2g

油 … 43g
ベーキングパウダー … 6g
ベーキングソーダ … 1g

つくり方

焼きマフィン　直径5.5×高さ3.3cmのマフィン型、6個分

1　オーブンを200℃に予熱する。マフィン型にベーキングカップを敷き込んでおく。

2　Aの材料をミキサーのコンテナに入れ、撹拌する。

3　途中何度か止めて、コンテナの周りに飛び散った生地をスパチュラで落としながら、なめらかになるまで混ぜる。

4　油を加えて、生地がもったりとしてなめらかになるまでミキサーで撹拌する（速度調節できるものなら、低速〜中速）。

5　生地をボウルに取り出し、ベーキングパウダーとベーキングソーダを加え、スパチュラで手早く混ぜる。

6　ベーキングカップを敷いたマフィン型に生地を入れ、200℃のオーブンで14分間焼成する。

蒸しマフィン　直径6.3×高さ3.2cmのプリン型、6個分

1　深型のフライパン（もしくは蒸し器）に蒸し皿を敷き、水を2〜3cm入れて沸騰させる。

2-5　焼きマフィンと同様につくる。

6　ベーキングカップを敷いたプリン型に生地を入れ、湯気のたったフライパンに入れる。ふたをして、沸騰が保てる火の強さで12分間蒸す。

紫イモのマフィン

紫イモを使った焼きマフィンと
蒸しマフィンをご紹介します。
どちらも和菓子のような繊細な
味わいなので、
じっくり堪能してください

namagome muffin

材料

A
- 生米（浸水済）… 140g（浸水前108g）
- 無調整豆乳 … 蒸し39g／焼き44g
- てんさい糖 … 43g
- 紫イモ … 35g
- 塩 … 2g

油 … 46g
ベーキングパウダー … 7g
● 紫イモクリーム（下記参照）… 好みの量

● 紫イモクリーム（出来上がり約200g）

材料

紫イモ … 140g
無調整豆乳 … 60g
てんさい糖 … 20g
塩 … ひとつまみ
ココナッツオイル（固まっていたら湯煎する）… 10g

つくり方

1. 紫イモの皮をむき、1cm幅の輪切りにする。小鍋に紫イモと水1カップを入れ、ふたをして中火にかける。
2. 途中水分がなくなったら少し足しながら、約10分間、紫イモに火が通るまで加熱する。バットに取り出して冷ましておく。
3. ミキサーに紫イモ、豆乳、てんさい糖、塩を入れ、撹拌してなめらかにする（速度調節できるものなら、低速～中速）。
4. ココナッツオイルを入れてさらに撹拌する（低速）。

Memo
ミキサーが回りにくい場合は、無調整豆乳（分量外）を少しずつ足すと撹拌しやすくなる。

つくり方

焼きマフィン　直径5.5×高さ3.3cmのマフィン型、6個分

1. 紫イモは半分に切って、さらに1cm幅の輪切りにする。
2. オーブンを200℃に予熱する。マフィン型にベーキングカップを敷き込んでおく。
3. Aの材料をミキサーのコンテナに入れ、撹拌する。
4. 途中何度か止めて、コンテナの周りに飛び散った生地をスパチュラで落としながら、なめらかになるまで混ぜる。
5. 油を加えて、生地がもったりとしてなめらかになるまでミキサーで撹拌する（速度調節できるものなら、低速～中速）。
6. 生地をボウルに取り出し、ベーキングパウダーを加え、スパチュラで手早く混ぜる。
7. ベーキングカップを敷いたマフィン型に生地を入れ、200℃のオーブンで14分間焼成する。あら熱が取れたら好みで紫イモクリームを添える（a）。

a

蒸しマフィン　直径6.3×高さ3.2cmのプリン型、6個分

1. 紫イモは半分に切って、さらに1cm幅の輪切りにする。
2. 深型のフライパン（もしくは蒸し器）に蒸し皿を敷き、水を2～3cm入れて沸騰させる。

3-6. 焼きマフィンと同様につくる。

7. ベーキングカップを敷いたプリン型に生地を入れ、湯気のたったフライパンに入れる。ふたをして、沸騰が保てる火の強さで12分間蒸す。

マフィン型でつくる
お米のケーキ＆スコーン

白砂糖や乳製品、卵を使わずにつくる
チーズケーキやキャロットケーキ、ガトーショコラ、
シフォンケーキにりんごのスコーンなど
生米でつくるリッチなケーキや焼き菓子を掲載しています。
生米マフィンと同じように、マフィン型を使うので、
他に特別な型や道具をそろえる必要もありません。
お菓子づくり初心者さんでも、失敗なくつくれるものばかりです。
生米スイーツの楽しい扉を開いてみてくださいね！

60   namagome muffin

チーズを使わないチーズケーキ！！です。
クッキー生地と酸味のきいたチーズ風味の生地との
コントラストをぜひ味わってほしい1品

ベイクドチーズケーキ

材料 直径5.5×高さ3.3cmのマフィン型、6個分

A ┌ 豆乳ヨーグルト … 300g（水切り後約180g）
  │ てんさい糖 … 47g
  │ 生米（浸水済）… 30g（浸水前23g）
  │ レモン汁 … 2g
  └ 塩 … 0.5g
ココナッツオイル（固まっていたら湯煎する）
　… 60g
クランブル（p.47）… 60g

a

b

c

準備

ボウルの上にざるを重ね、さらにペーパータオルを敷く。ペーパータオルの上に豆乳ヨーグルトを入れ、その上にラップをかぶせる。ラップの上に別のボウルをのせ（**a**）、その中に重しを入れ（**b**）、冷蔵庫でひと晩水切りをする。水切りをしすぎてしまった場合は、ヨーグルトから出た水分と合わせて180gになるよう調整する。

つくり方

1 オーブンを170℃に予熱する。マフィン型にベーキングカップを敷き込む。

2 マフィン型にクランブルを10gずつ入れて、スプーンの裏などで押し付けるように敷く（**c**）。

3 170℃のオーブンで10分間焼成する。オーブンから取り出して、型に入れたままあら熱を取る。

4 Aの材料をミキサーのコンテナに入れ、撹拌する。

5 途中何度か止めて、コンテナの周りに飛び散った生地をスパチュラで落としながら、なめらかになるまで混ぜる。

6 ココナッツオイルを加えて、生地がもったりとしてなめらかになるまでミキサーで撹拌する（速度調節できるものなら、低速〜中速）。

7 3のクランブルの上に生地を入れ、170℃のオーブンで25〜30分間、薄く焼き色がつくまで焼成する。

8 焼きあがったらあら熱を取り、冷蔵庫でしっかりと冷やす。

キャロットケーキ

にんじんとレーズンの甘み、
くるみの香ばしさがおいしい
人気の英国菓子キャロットケーキを
生米からつくります。
豆乳ヨーグルトベースの
フロスティングがよく合います

材料 直径5.5×高さ3.3cmのマフィン型、6個分

A
- 生米（浸水済）… 100g（浸水前77g）
- 無調整豆乳 … 50g
- てんさい糖 … 35g
- にんじん … 35g
- 生アーモンド … 24g
- 塩 … 1.5g

油 … 35g
くるみ（ローストしていないもの）… 20g
レーズン … 20g
ベーキングパウダー … 7.5g
● クリームチーズフロスティング
　（下記参照）… 約120g

つくり方

1 くるみは160℃のオーブンで10分間焼成してあらく砕く。レーズンはさっと湯通ししてざるにあげ、ペーパータオルで水けを切る。にんじんは1cm幅に切る。

2 オーブンを200℃に予熱する。マフィン型にベーキングカップを敷き込んでおく。

3 Aの材料をミキサーのコンテナに入れ、撹拌する。

4 途中何度か止めて、コンテナの周りに飛び散った生地をスパチュラで落としながら、なめらかになるまで混ぜる。

5 油を加えて、生地がもったりとしてなめらかになるまでミキサーで撹拌する（速度調節できるものなら、低速）。

6 生地をボウルに取り出し、1のくるみとレーズンを入れてスパチュラで混ぜる。さらにベーキングパウダーを加え、手早く混ぜる。

7 ベーキングカップを敷いたマフィン型に生地を入れ、200℃のオーブンで14分間焼成する。あら熱が取れたら好みでクリームチーズフロスティングをのせる。

● クリームチーズフロスティング
（出来上がり約140g）

豆乳ヨーグルト200gを100gになるまで水切りする（p.61参照）。ボウルに水切りヨーグルト100gとココナッツオイル（固まっていたら湯煎する）20g、てんさい糖20g、レモン汁4gを入れて、泡立て器で混ぜる。

いちじくケーキ

ひと手間省きたくて、いちじくはラム酒漬けでなく、ドライいちじくとラム酒を生地に混ぜ込んでつくった、ちょっと大人っぽいケーキです。生地に混ぜ込んだアーモンドがいい仕事しています！

材料 直径5.5×高さ3.3cmのマフィン型、6個分

A
- 生米（浸水済）… 120g（浸水前92g）
- 無調整豆乳 … 55g
- てんさい糖 … 40g
- 生アーモンド … 25g
- ラム酒 … 5g
- レモン汁 … 7g
- 塩 … 1.5g

油 … 40g
ドライいちじく … 70g
ベーキングパウダー … 7g

つくり方

1 ドライいちじくはさっと湯通ししてざるにあげる。ペーパータオルで水けを切り、1〜2mm幅に切る。

2 オーブンを200℃に予熱する。マフィン型にベーキングカップを敷き込んでおく。

3 Aの材料をミキサーのコンテナに入れ、撹拌する。

4 途中何度か止めて、コンテナの周りに飛び散った生地をスパチュラで落としながら、なめらかになるまで混ぜる。

5 油を加えて、生地がもったりとしてなめらかになるまでミキサーで撹拌する（速度調節できるものなら、低速）。

6 生地をボウルに取り出し、1のドライいちじく半量を入れてスパチュラで混ぜる。さらにベーキングパウダーを加え、手早く混ぜる。

7 ベーキングカップを敷いたマフィン型に生地を入れる。残りのドライいちじくをのせて、200℃のオーブンで15分間焼成する。

66 namagome muffin

ガトーショコラ

> どっしりとして濃厚、カカオの
> 風味が味わえるガトーショコラ。
> ベーキングソーダを入れて
> 生地をふんわり膨らませています

材料 直径5.5×高さ3.3cmのマフィン型、6個分

A ─ 生米（浸水済）… 90g（浸水前69g）
　　無調整豆乳 … 80g
　　てんさい糖 … 57g
　　生アーモンド … 30g
　　酢 … 3g
　 ─ 塩 … 1g
ココアパウダー（無糖）… 20g
ココナッツオイル（固まっていたら湯煎する）
　　… 35g
ベーキングパウダー … 3g
ベーキングソーダ … 3g

つくり方

1 オーブンを170℃に予熱する。マフィン型にベーキングカップを敷き込んでおく。

2 Aの材料をミキサーのコンテナに入れ、撹拌する。

3 途中何度か止めて、コンテナの周りに飛び散った生地をスパチュラで落としながら、なめらかになるまで混ぜる。

4 ココアパウダーを加えて撹拌し、さらにココナッツオイルを加えて、生地がもったりとしてなめらかになるまでミキサーで撹拌する（速度調節できるものなら、低速）。

5 生地をボウルに取り出し、ベーキングパウダーとベーキングソーダを加え、スパチュラで手早く混ぜる。

6 ベーキングカップを敷いたマフィン型に生地を入れ、170℃のオーブンで16分間焼成する。

抹茶ガトーショコラ

> 抹茶の苦みと生米の甘みの
> バランスが絶妙なケーキ。
> 口の中でほろほろとくずれるくらい
> ふわっと軽いケーキです

材料 直径5.5×高さ3.3cmのマフィン型、6個分

A ─ 生米（浸水済）… 80g（浸水前62g）
　　無調整豆乳 … 65g
　　てんさい糖 … 50g
　　生アーモンド … 25g
　 ─ 塩 … 1g
抹茶 … 6g
カカオバター（湯煎する）… 20g
ココナッツオイル（固まっていたら湯煎する）
　　… 20g
ベーキングパウダー … 2.5g
ベーキングソーダ … 2.5g

つくり方

1 オーブンを170℃に予熱する。マフィン型にベーキングカップを敷き込んでおく。

2 Aの材料をミキサーのコンテナに入れ、撹拌する。

3 途中何度か止めて、コンテナの周りに飛び散った生地をスパチュラで落としながら、なめらかになるまで混ぜる。

4 抹茶を加えて撹拌し、さらにカカオバターとココナッツオイルを加えて撹拌する（速度調節できるものなら、低速〜中速）。

5 生地をボウルに取り出し、ベーキングパウダーとベーキングソーダを加え、スパチュラで手早く混ぜる。

6 ベーキングカップを敷いたマフィン型に生地を入れ、170℃のオーブンで16分間焼成する。

黒糖ふんわりシフォンケーキ

メレンゲがわりに豆の気泡性を使って、
ふわふわ生地をつくります。
生地はマフィン型ぎりぎりまで入れてくださいね

材料 直径5.5×高さ3.3cmのマフィン型、6個分

A ┌ 生米（浸水済）… 105g（浸水前81g）
  │ 無調整豆乳 … 76g
  │ 黒糖 … 48g
  │ 黒豆（乾燥）… 8g（浸水後19g）
  │ ※乾燥大豆でもよい
  │ アップルサイダービネガー … 3g
  └ 塩 … 1.5g

油 … 38g
ベーキングパウダー … 7g

準備

黒豆は丸1日浸水させる（**a**）。

つくり方

1 オーブンを200℃に予熱する。マフィン型にベーキングカップを敷き込んでおく。

2 Aの材料と油10gをミキサーのコンテナに入れ、撹拌する。

3 途中何度か止めて、コンテナの周りに飛び散った生地をスパチュラで落としながら、なめらかになるまで混ぜる。

4 残りの油28gを加えて、生地がメレンゲのようにきめこまかくもったりとするまでミキサーでしっかり撹拌する（速度調節できるものなら、高速）。

5 生地をボウルに取り出し、ベーキングパウダーを加え、スパチュラで手早く混ぜる。

6 ベーキングカップを敷いたマフィン型に生地を入れ、200℃のオーブンで14分間焼成する。

a

ミニスコーン

スコーンらしい"ざくほろ"食感は、正直、生米スイーツの苦手な分野。でも、生米生地の水分をアーモンドとオーツに吸わせることで、香ばしいざくほろ感を出しています

材料 直径5.5×高さ3.3cmのマフィン型、18個分

生アーモンド … 83g
オーツ … 83g
A ┬ 生米（浸水済）… 150g（浸水前115g）
　├ 無調整豆乳 … 50g
　├ てんさい糖 … 50g
　└ 塩 … 4.5g
油 … 50g
ココナッツオイル（固まっていたら湯煎する）… 75g
ベーキングパウダー … 5.4g
ベーキングソーダ … 5.4g

つくり方

1. 乾いたミキサーのコンテナでアーモンドを撹拌し、ボウルに取り出す。続けてオーツも撹拌し、ボウルに加える。

2. オーブンを190℃に予熱する。マフィン型にベーキングカップを敷き込んでおく。

3. ミキサーのコンテナは洗わずにAの材料と油10gを入れて撹拌する。

4. 途中何度か止めて、コンテナの周りに飛び散った生地をスパチュラで落としながら、なめらかになるまで混ぜる。

5. 残りの油40gを加えて、生地がもったりとしてなめらかになるまでミキサーで撹拌する（速度調節できるものなら、低速〜中速）。

6. 1のボウルに5の生地を合わせ、ココナッツオイルを加えてスパチュラで混ぜる。

7. 6の生地1/3量（約176g分）を小さいボウルに取り出し、ベーキングパウダー1.8gとベーキングソーダ1.8gを加えてスパチュラでよく混ぜる。

8. ベーキングカップを敷いたマフィン型に生地を入れ、190℃のオーブンで28〜30分間、こんがりと焼き色がつくまで焼成する。残りの生地を同じようにもう2回繰り返して、計18個分焼きあげる。残った生地は、冷蔵か冷凍で保存しておくとよい。

りんごのスコーン

「ミニスコーン」(p.71) の生地に、甘酸っぱい
煮りんごを敷き詰めた、リッチなスコーン。
ひと口サイズで食べやすいのも嬉しいところ

材料 直径5.5×高さ3.3cmのマフィン型、6個分

スコーン生地（p.71の工程**6**のもの）… 176g
りんご … 1個（約200g）
てんさい糖 … 30g
レモン汁 … 25g
ベーキングパウダー … 1.8g
ベーキングソーダ … 1.8g

つくり方

1 オーブンを190℃に予熱する。マフィン型にベーキングカップを敷き込んでおく。

2 りんごはくし形に切って芯を取り、1cm幅に切る（**a**）。鍋にりんご、てんさい糖、レモン汁を入れ、弱火にかける（**b**）。途中、りんごを裏返しながら約10分間煮る。

3 スコーン生地をボウルに取り出し、ベーキングパウダーとベーキングソーダを加えてスパチュラでよく混ぜ、マフィン型に分け入れる。

4 生地の上に**2**の煮りんごを2切れずつのせる（**c**）。190℃のオーブンで28〜30分間焼成する。

a

b

c

生米ホイップクリーム

とろりとした生米ホイップ
クリームは、素材をミキサーで
直接撹拌するので
素材そのものの味や香りを
ダイレクトに楽しめます！

材料 みかん味

生米（浸水済）… 25g（浸水前 19g）
無調整豆乳 … 90g
てんさい糖 … 20g
塩 … 0.5g
ココナッツオイル（固まっていたら湯煎する）… 10g
みかん（皮をむいて白い筋を除く）… 30g

つくり方

1 全ての材料をミキサーのコンテナに入れ、撹拌する。

2 途中何度か止めて、コンテナの周りに飛び散った生地をスパチュラで落としながら、なめらかになるまで混ぜる。

3 生地を小鍋に取り出し、木べらで混ぜながら中火で加熱する。とろみがついてからさらに1〜2分加熱する。バットに取り出し、あら熱を取り、冷蔵庫で保存する。

4 クリームが冷えたら、マフィンの上にのせる。

豆乳の量を調整して、
好みの食材で生米ホイップクリームをつくりましょう

●ブルーベリー味
ブルーベリー … 15g
無調整豆乳 … 100g

●黒ゴマ味
黒ゴマ … 3g
無調整豆乳 … 120g

●ほうれん草味
ほうれん草 … 3g
無調整豆乳 … 110g

●イチゴ味
イチゴ … 40g
無調整豆乳 … 80g

ノンオイルココナッツバナナマフィン (p.78)

酵母マフィン（p.79）

ノンオイル ココナッツバナナマフィン

ノンオイルでつくるのでしっとりもちもちの食感に加えて軽やかさがプラス。バナナとココナッツファインを合わせたトロピカルな味に！

材料 直径5.5×高さ3.3cmのマフィン型、6個分

A
- 生米（浸水済）… 115g（浸水前89g）
- バナナ … 80g
- 無調整豆乳 … 60g
- てんさい糖 … 35g
- 塩 … 1.5g

ココナッツファイン … 30g
ベーキングパウダー … 7.5g

つくり方

1. オーブンを200℃に予熱する。マフィン型にベーキングカップを敷き込んでおく。
2. Aの材料をミキサーのコンテナに入れ、撹拌する。
3. 途中何度か止めて、コンテナの周りに飛び散った生地をスパチュラで落としながら、なめらかになるまで混ぜる。
4. ココナッツファインを加えて、生地がもったりとしてなめらかになるまでミキサーで撹拌する（速度調節できるものなら、低速〜中速）。
5. 生地をボウルに取り出し、ベーキングパウダーを加え、スパチュラで手早く混ぜる。
6. ベーキングカップを敷いたマフィン型に生地を入れ、200℃のオーブンで14分間焼成する。

酵母マフィン

イーストを使って、ゆっくり発酵させることでじんわり滋味あふれる、奥深い味に。あわてずじっくり、膨らむのを待ってくださいね

材料 直径5.5×高さ3.3cmのマフィン型、6個分

A
- 生米（浸水済）… 140g（浸水前108g）
- 無調整豆乳 … 50g
- ぬるま湯（約50℃）… 20g
- てんさい糖 … 25g
- 塩 … 1.5g
- インスタントドライイースト … 2g

油 … 30g

つくり方

1. オーブンを190℃に予熱する。マフィン型にベーキングカップを敷き込んでおく。発酵しやすいようにマフィン型を人肌に温めておく。
2. Aの材料と油10gをミキサーのコンテナに入れ、撹拌する。
3. 途中何度か止めて、コンテナの周りに飛び散った生地をスパチュラで落としながら、なめらかになるまで混ぜる。
4. 残りの油20gを加えて、生地がもったりとしてなめらかになるまでミキサーで撹拌する（速度調節できるものなら、低速～中速）。生地の温度が40℃になるまで撹拌を続ける。
5. ベーキングカップを敷いた人肌温度のマフィン型に生地を入れる（**a**）。
6. 約40℃の発酵器で生地が約2倍に膨らむまで、約30分間発酵させる（**b**）。
7. 190℃のオーブンで15分間焼成する。

発酵の前後で生地の高さが2倍近くに膨らむ

リト史織

ヴィーガン料理家。
料理教室「Shiori's Vegan Pantry」主宰。

生米パン、生米スイーツの開発者。大学卒業後、エコールキュリネール国立（現・辻調理師専門学校 東京）で日本料理を学ぶ。その後、飲食店、洋菓子店などに勤務。2人の娘の出産後、マクロビオティック、グルテンフリー、ローフードなどを学ぶ。体にやさしい食の追求を続けるなかで、生の米からパンをつくる「生米パン」を開発。以来、「生米パン」や「生米スイーツ」など「生米シリーズ」の講座を開講し、予約が取れないほどの人気を集める。テレビや雑誌、新聞、ネット等のメディア出演多数。芦屋にてオープンした生米パン専門店「KOME PANTRY」の監修を行う。著書に『小麦粉を使わないもちふわ生米スイーツ』（家の光協会）、『はじめての生米パン』（光文社）、『毎日食べたい生米パン』（永岡書店）、『ラクうま 生米パン 無限レシピ』（講談社）などがある。

Instagram　@shioris_vegan_pantry

Staff

デザイナー	釜内由紀江、五十嵐 奈央子、黒部友理子 （GRiD CO.,LTD.）
撮影	宮濱祐美子
スタイリング	諸橋昌子
編集協力	斯波朝子（オフィスCuddle）
校正	ケイズオフィス
料理アシスタント	安齋美代、井出仁美、植田久美子、吉野由記子
撮影協力	UTUWA

家にあるお米でもちふわ食感
マフィン型でつくる
はじめての生米スイーツ

2025年2月2日　第1刷発行

著　者　リト史織
発行者　木下春雄
発行所　一般社団法人 家の光協会
　　　　〒162-8448
　　　　東京都新宿区市谷船河原町11
　　　　電話　03-3266-9029（販売）
　　　　　　　03-3266-9028（編集）
　　　　振替 00150-1-4724
印　刷　株式会社東京印書館
製　本　家の光製本梱包株式会社

乱丁・落丁本はお取り替えいたします。定価はカバーに表示してあります。
本書のコピー、スキャン、デジタル化等の無断複製は、著作権法上での例外を除き、禁じられています。
本書の内容の無断での商品化・販売等を禁じます。

©Shiori Leto 2025 Printed in Japan
ISBN 978-4-259-56824-5 C0077